AF554380

ÉLOGE

DE

M. LE MARÉCHAL DE MERCI.

ÉLOGE

DE M. LE

MARÉCHAL DE MERCI

BARON DU SAINT-EMPIRE D'ALLEMAGNE
GÉNÉRAL EN CHEF DES ARMÉES BAVAROISES
GÉNÉRAL DES ARMÉES DE L'EMPEREUR

Né à Merci (Moselle), en 1605
Mort au champ d'honneur le 3 août 1645, à Nordlingen (Bavière)

Par Adolphe LANG

Membre de la société d'Archéologie et d'Histoire de la Moselle

STA VIATOR HEROEM CALCAS
(*Épitaphe du Maréchal*)

METZ
TYPOGRAPHIE ROUSSEAU-PALLEZ, ÉDITEUR
LIBRAIRE DE L'ACADÉMIE IMPÉRIALE
RUE DES CLERCS, 14

1861

AVERTISSEMENT.

En livrant à l'impression l'éloge de l'illustre maréchal de Merci, je désire combler une lacune regrettable de l'histoire lorraine.

Mon héros a été général allemand, et c'est assez pour que son mérite soit peu apprécié par notre patriotisme.

Ayant à célébrer tant de gloires nationales, sorties de nos contrées, nous nous sentons portés à refuser nos sympathies à toutes celles de nos illustrations qui ont été étrangères à la France.

Ce système d'exclusion dont je m'explique parfaitement les motifs, me paraît cependant injuste et cette pensée me détermine à consacrer quelques pages à un des plus grands capitaines du monde, qui, né Lorrain à une époque où la Lorraine ne devait rien à la France, a suivi avec honneur la voie que lui traçait sa conscience et s'est distingué par toutes les vertus civiles comme militaires.

On me reprochera peut-être d'avoir beaucoup détaillé les journées de Fribourg et de Nordlingen; mais je n'aurais pu autrement faire ressortir le mérite d'un grand tacticien.

On verra que j'ai conservé l'ancienne orthographe de Merci, au lieu d'écrire Mercy. L'art de vérifier les dates a préféré de même conserver le nom de Montmorenci, bien que cette noble famille signe depuis longtemps Montmorency.

Les ouvrages principaux, et tous dignes de foi, que je me suis atttaché à suivre scrupuleusement dans les détails biographiques et militaires de cette notice sont les suivants :

1. L'*Art de vérifier les dates* (édit. de M. de Saint-Allais, 1818).

2. Le *grand Dictionnaire de Moreri* (édition de Bâle, 1732, et éditions suivantes, d'Amsterdam et de Paris).

3. Daniel (*Histoire de France* et *Abrégé de Paris*, 1724).

4. Turpin (*Vie du prince de Condé*, Amsterdam et Paris, 1775).

5. Anquetil (*Histoire de France*, Paris, 1822).

6. Hénault (*Abrégé chronologique*, 1756).

7. De Feller (*Dictionnaire historique*, 1836).

8. *Histoire générale des Provinces unies* (Paris, 1770).

9. Coxe (*Histoire de la Maison d'Autriche*, 1810).

10. De Pufendorff (*Introduction à l'Histoire générale et politique de l'Univers*, Amsterdam, 1721).

Je dois à l'obligeance de M. Mathieu, de Preutin, longtemps chargé des affaires de la maison de Merci-Argenteau, en Lorraine, la rectification de quelques détails relatifs à cette famille.

ÉLOGE

DE

M. LE MARÉCHAL DE MERCI

BARON DU SAINT-EMPIRE D'ALLEMAGNE
GÉNÉRAL EN CHEF DES ARMÉES BAVAROISES
GÉNÉRAL DES ARMÉES DE L'EMPEREUR.

Il n'est pas une bourgade de nos pays qui ne puisse s'honorer d'avoir vu naître des grands hommes. De tout temps, féconde en caractères remarquables, la Lorraine en a fournis à toutes les carrières, et partout ils ont donné les preuves d'une noblesse de sentiment et d'une intégrité, qui ne s'allient pas toujours au mérite et à la valeur.

Mais parmi tous les genres d'illustrations, la Lorraine placée entre l'Allemagne et la France, au seuil du grand champ de bataille des peuples de l'Europe, doit surtout revendiquer les célébrités militaires.

Aucune contrée du globe n'a été le berceau d'un aussi grand nombre de généraux fameux, et il n'est pas une de nos rivières dont le nom n'ait reçu un glorieux cachet dans les annales de nos armées.

Je dirai plus : derniers venus dans la grande nation française, les Lorrains ont primé tous leurs frères par leur patriotisme et sont presque les seuls qui, dans les jours de malheur, n'ont jamais failli à la cause nationale.

Mais si la Lorraine est aujourd'hui la plus française des provinces françaises, elle ne doit pas oublier ceux de ses enfants qui, avant la réunion de la Lorraine à la France, avaient exposé leur vie et répandu leur sang dans d'autres armées; et si nous les suivons partout, sous les drapeaux qu'ils ont choisis, nous les trouverons là, comme en France, toujours distingués par les vertus traditionnelles du sang lorrain, le courage le plus énergique, le patriotisme le plus ardent, l'intégrité la plus irréprochable (la plus belle des qualités, parce qu'elle est la plus rare).

Parmi les vaillants capitaines dont l'histoire conserve la mémoire la plus pure, se trouve au premier rang le maréchal de Merci, général en chef des armées allemandes, un des héros de la guerre de trente ans, chef d'une famille de grands hommes morts comme lui au champ d'honneur, emportant l'estime et l'affection de tous, même de leurs ennemis.

François, baron de Merci, feld-maréchal-général des armées bavaroises et général des armées de l'Empereur [1],

[1] Les historiens français sont peu renseignés sur les titres et grades des armées allemandes, surtout au dix-septième siècle. Alors comme aujourd'hui les officiers-généraux y étaient répartis en quatre classes.

1. *Feld-maréchal-général* (titre correspondant à la dignité de maréchal de France).

2. *Général d'infanterie*, — *Général de cavalerie*, — *Général d'artillerie* (feldzeugmeister, grade de général en chef).

3. *Feld-maréchal-lieutenant* (grade des lieutenants généraux ou généraux de division).

4. *Major-général* (grade de maréchal de camp ou de général de brigade en France).

Tous ces officiers-généraux étaient colonels, propriétaires d'un ou de plusieurs régiments.

a été tué le 3 août 1645, à la bataille de Nordlingen, où il commandait en chef.

Son frère Gaspard, baron de Merci, major-général des armées bavaroises, a été tué le 4 août 1644, à la bataille de Fribourg, où il commandait la cavalerie.

Son fils, comte de Merci, feld-maréchal-lieutenant des armées autrichiennes, vainqueur des Turcs à Arath et à Onoth, a été tué en 1686 au siége de Bude, où il commandait en chef.

Son petit-fils, Florimond-Claude, comte de Merci, feld-maréchal-général des armées de l'Empereur [1], gouverneur général de l'Italie autrichienne, a été tué le 29 juin 1734 à la bataille de Parme, où il commandait en chef.

Cet illustre maréchal a été le dernier rejeton de son illustre famille [2]. Son nom et ses armes sont entrés, avec sa sœur, dans la maison d'Argenteau; et on a vu, dignes héritiers du courage de leurs ancêtres, le comte Antoine-Ignace de Mercy-Argenteau obtenir en 1760 le bâton de feld-maréchal-général des armées autrichiennes, et plus tard, un autre comte d'Argenteau

[1] Il faut distinguer les feld-maréchaux-généraux des armées de l'Empereur, et les feld-maréchaux-généraux des armées de l'Empire. Les premiers étaient nommés par l'Empereur pour les armées autrichiennes. Les seconds étaient élus par les États de l'Empire pour les armées de l'Allemagne. Ceux-ci étaient en très-petit nombre et ordinairement choisis parmi les premiers.

[2] Il existe encore une famille de Merci qui, suivant la plupart des auteurs, n'est pas parente de celle dont je viens de parler, bien qu'elle appartienne également à la Lorraine. Du moins si cette famille de Merci est de même souche que les maréchaux de Merci, elle descend d'une branche collatérale éloignée.

commander en chef les mêmes armées dans les guerres qui furent la suite de notre grande révolution [1].

La maison de Merci, qui s'est éteinte de la manière la plus glorieuse par la mort de ses trois dernières générations sur quatre champs de bataille de l'Europe, appartient à la Lorraine. Les quatre généraux dont je viens de rapprocher les morts, sont nés dans le même château de Merci, près de Joppécourt.

Je ne veux aujourd'hui qu'esquisser la vie du maréchal François de Merci, « l'un des plus grands capitaines de son siècle », qui seul a pu balancer la fortune et fait pâlir l'étoile des deux plus grandes gloires militaires de la France du dix-septième siècle, le grand Condé et le maréchal de Turenne.

Né près de Longwy, vers 1605, d'une famille dont l'origine remonte aux anciens comtes de Genève, François de Merci, fidèle aux traditions de gloire et d'honneur de ses nobles ancêtres, se voua dès sa jeunesse à la carrière des armes. Un vaste champ de bataille était ouvert devant lui. L'Allemagne était embrasée par la grande lutte du Nord contre le Midi, restée célèbre sous le nom de guerre de trente ans [2]. Le duc de Lorraine s'était jeté dans le parti de l'Empereur, qui, soutenu par l'Electeur de Bavière, résistait à tous les autres états de l'Allemagne, rangés autour

[1] Le chef actuel de cette maison, M. le comte de Merci-Argenteau, ancien chambellan de Napoléon Ier, son ambassadeur à Munich, réside aujourd'hui au château d'Argenteau près Liége (Belgique). Les branches de Mercy, barons et comtes, Merci-Styrum, Chitsigné, Merci-d'Allamont, etc., sont toutes fondues dans la branche d'Argenteau. La dernière a habité le château de Merci, jusqu'à l'époque où le maréchal de Créqui l'a rasé par ordre de Louis XIV. Elle s'est réfugiée au château de Preutin, où elle s'est éteinte.

[2] La période suédoise commença en 1629.

des drapeaux suédois [1]. C'était l'antagonisme du catholicisme et du protestantisme. François de Merci embrassa aussi la cause de l'Empereur et fit ses premières armes sous le fameux maréchal de Waldstein, duc de Friedland, généralissime des armées impériales [2].

Bientôt distingué par le général Piccolomini, il obtint un emploi de major dans le régiment de ce général, en 1631. Il prit part aux grandes batailles de la période suédoise, et s'y trouva à bonne école pour apprendre l'art de la guerre, car il n'est pas d'époque dans l'histoire où l'on ait vu autant de talents militaires de premier ordre, que dans les deux partis qui se disputaient alors l'Allemagne.

D'une part, le grand Gustave-Adolphe, et avec lui ces fameux généraux suédois, dont les figures se sont gravées en traits ineffaçables dans l'histoire du dix-septième siècle, les Wrangel [3], les Horn [4], les Banier [5], les Weimar [6].

[1] La France ne s'était pas encore déclarée, mais la politique de Richelieu soutenait les protestants et tendait toujours à abaisser la maison d'Autriche.

[2] Albert-Venceslas-Eusèbe de Waldstein, de Hermanitz, comte de Waldstein ; dit Wallenstein, prince du Saint-Empire d'Allemagne, duc de Friedland et de Sagan, duc de Mecklembourg, etc., chevalier de la Toison-d'Or, généralissime des armées autrichiennes et bavaroises, assassiné à Egra, le 14 février 1634.

[3] Hermann Wrangel, feld-maréchal des armées suédoises en 1621, mort en 1644. Charles-Gustave Wrangel, comte de Silnitzbourg, duc de Wrangel, prince du Saint-Empire, feld-maréchal des armées suédoises en 1645, connétable du royaume, mort à Spiker le 24 juin 1676.

[4] Gustave, comte de Horn, baron de Mariembourg, feld-maréchal des armées suédoises en 1632, mort en 1657. La famille de Horn a fourni à la Suède plusieurs autres guerriers distingués.

[5] Jean-Gustafson Banier, comte Banier de Mulhammer, feld-maréchal des armées suédoises et de celles du cercle de Basse-Saxe (1634), mort à Halbertstadt, le 10 mai 1641.

[6] Bernard de Saxe-Weimar, duc de Juliers, feld-maréchal des armées suédoises, mort à Neubourg, le 18 juillet 1639.

D'autre part, à côté du duc de Friedland, les Tilly [1], les Maradaz [2], les Mansfeld [3], les Piccolomini [4], les Papenheim [5], les Galas [6].

Colonel en 1633 dans l'armée austro-bavaroise de Souabe, François de Merci assista à plusieurs affaires malheureuses. Le maréchal de Horn, qui commandait l'armée suédoise, vainqueur à Kempen et à Sigmaringen, fit de grands progrès et se porta sur Constance, où le maréchal d'Aldringer avait jeté les débris de l'armée bavaroise. Merci se signala particulièrement dans la défense de cette ville. Les Suédois, traversant les territoires neutres de la Suisse, s'emparèrent du pont de Stein, et crurent enlever la place au premier assaut; mais la défense vigoureuse des Bavarois déjoua leur projet. Profitant du manque d'artillerie des assiégeants, Aldringer prolongea sa résistance jusqu'à l'arrivée d'un corps d'armée qui pénétra dans la ville assiégée par le

[1] Jean Tzerclaës de Tilly Montigni, comte de Tilly, feld-maréchal-général des armées de Bavière et d'Autriche, mort à Lana (de blessures reçues à la bataille du Lech), le 30 avril 1632.

[2] Balthazard, comte de Maradaz, feld-maréchal-général des armées de l'Empereur (vers 1632).

[3] Wolfgang, comte de Mansfeld, et Philippe de Mansfeld, comte de Bornstein, feld-maréchaux-généraux des armées autrichiennes, morts le premier le 5 mai 1638, le second le 3 avril 1657. (Ils étaient de la même famille qu'Ernest de Mansfeld, marquis de Castelnuovo et de Bouliglières, bâtard de Mansfeld, feld-maréchal des armées danoises et des armées palatines, lequel était mort le 20 novembre 1626).

[4] Octave Piccolomini d'Aragon, duc d'Amalfi, chevalier de la Toison-d'Or, feld-maréchal-général des armées autrichiennes (en 1634), mort en 1656.

[5] Godefroy-Henri Marschall de Papenheim Triechling, comte de Papenheim, maréchal héréditaire d'Autriche, feld-maréchal-général, mort à Plessenbourg (de blessures reçues à Lutzen), le 17 novembre 1632.

[6] Mathias, comte de Galas et de Campo, feld-maréchal-général des armées autrichiennes (en 1632) mort à Vienne, le 25 avril 1647.

lac. Le maréchal de Horn dut lever le siége et s'éloigna pour aller chercher des renforts.

Le maréchal d'Aldringer profita de cette retraite pour opérer sa jonction avec le duc de Féria, commandant les Espagnols dans la Valteline, se porta sur le Rhin, et fit entrer un détachement dans Brisach, sous les ordres du colonel de Merci. Le jeune officier se couvrit de gloire dans la défense de cette place, mais entraîné trop loin par son ardeur, il tomba entre les mains des assiégeants et fut conduit prisonnier à Colmar (1633).

Bientôt échangé, le colonel de Merci retourna en Bavière, et toujours choisi pour les postes périlleux, il fut mis à la tête de la garnison de Rhinfeld, qu'il eut à défendre contre les troupes palatines du rhingrave Jean-Philippe; mais accablé par des forces supérieures, après une vigoureuse résistance, il dut abandonner, par une capitulation honorable, une place qui n'était pourvue d'aucune ressource (1634).

L'Electeur de Bavière prouva qu'il récompensait la valeur, plus qu'il ne tenait compte du succès, en élevant le défenseur de Brisach et de Rhinfeld au grade de major-général (1635), et en l'envoyant au duc de Lorraine, qui assiégeait la ville de Colmar.

Là comme partout Merci se distingua par ses hautes qualités.

La même année, il se signala encore dans la campagne du Luxembourg.

En 1636, le général de Merci commanda un corps de l'armée austro-bavaroise, avec laquelle le maréchal de Galas envahit la Bourgogne, et qui se rendit maîtresse d'une partie de cette province. Un combat glorieux qui délivra la ville de Dôle, prête à retomber aux mains des Français, ne fut pas le service le moins signalé que le général de Merci rendit à la cause qu'il défendait.

Nommé feld-maréchal-lieutenant des armées bavaroises, et bientôt élevé au même grade dans les armées autrichiennes, François de Merci se trouva à la bataille de Gray, où le duc de Lorraine, général en chef des Impériaux, fut battu par le duc de Weimar (1637). Il fut chargé de protéger la retraite et s'acquitta de cette mission avec autant de talent que de bonheur. Une heureuse diversion en Bourgogne et quelques avantages remportés sur le duc de Longueville sauvèrent l'armée de l'Empereur, et couvrirent son mouvement vers le Rhin.

Créé, en 1638, général d'artillerie (feldzeugmeister), le général de Merci prit le commandement de l'armée bavaroise qui occupait les lignes de Stolhoffen, et se fit connaître comme habile tacticien dans une série de combats contre les Suédois et contre les Français.

En 1640, il agit dans le bas Palatinat contre l'armée weimarienne [1], força le duc de Longueville et le maréchal de Guébriant [2] qui la commandaient, à se replier sur les Suédois, et marcha sur Ratisbonne pour se joindre à l'armée du prince Piccolomini. Cette jonction était d'autant plus difficile que le maréchal Banier, qui était à la tête de toutes les forces ennemies, avait rallié à lui les corps français et weimariens de Longue-

[1] Cette armée, formée presque exclusivement de soldats allemands, avait été achetée pour la France par le cardinal de Richelieu, à la mort du duc Bernard de Saxe-Weimar, son général en chef, en 1639.

[2] Jean-Baptiste du Plessis de Budes, comte de Guébriant, maréchal de France, tué au siége de Rotweil, le 19 novembre 1643.

ville et de Guébriant, les troupes de Brunswick sous le général Klitzing, et les troupes hessoises aux ordres du maréchal Mélander de Holtzapfel [1]. C'était une barrière formidable et la réputation justement acquise de l'illustre Banier eût seule suffi pour ôter à ses adversaires toute espérance de succès. Cependant les manœuvres des Impériaux furent si habilement combinées, que le général suédois dut abandonner positions sur positions. Pressé d'un côté par le maréchal de Wahl [2] et par le général de Merci, commandant des armées bavaroises, et de l'autre côté par le prince Piccolomini, général en chef autrichien, Banier se replia vers Cham et n'eut plus, pour regagner ses avantages, que la ressource de porter la guerre en Bohême et en Moravie. Mais avant qu'il eût pu exécuter ce dessein, Wahl et Piccolomini se portèrent avec une rapidité extraordinaire à Ingolstadt et à Ratisbonne où ils établirent leurs lignes pour arrêter les Suédois; et le général de Merci, surprenant ceux-ci au milieu de la forêt de Bohême, les harcela vigoureusement et coupa du reste de l'armée le corps du général Eric Slange. Ce général se retrancha dans une position presque inaccessible; mais après quatre jours de siége, tout le détachement dut se rendre à discrétion. Un général, trois régiments de cavalerie et un d'infanterie, avec leurs canons, leurs bagages et leurs

1 Pierre de Holtzapfel de Schultheiszen, connu d'abord sous le pseudonyme de Mélander, depuis comte de Holtzapfel et du Saint-Empire, feld-maréchal des armées hessoises (1632), feld-maréchal des armées du cercle de Westphalie (1634), feld-maréchal-général des armées de l'Empereur (février 1647), tué à la bataille de Sommershausen (sur le Lech), le 17 mai 1648.

2 C'était le successeur du feld-maréchal d'Aldringer.

étendards furent les fruits de la victoire du général de Merci (1641).

Le maréchal Banier se retira vers le nord, suivi de près par les Bavarois. Les revers des Suédois furent complétés par la mort du duc de Lünebourg, bientôt suivie de celle de Banier lui-même. Le comte de Wahl, qui avait pris le commandement de toutes les troupes de Bavière, battit encore les Suédois à Quedlimbourg, et marchant sur Wolfenbüttel, voulut contraindre Wrangel à lever le siége de cette place. Une armée suédoise fortement retranchée près de l'écluse de l'Oker, couvrait les lignes de siége. Le général bavarois essaya de forcer ces retranchements mais éprouva un échec, et se décida à attendre le général de Merci, qui venait de s'emparer de Gottingen et accourait avec son armée victorieuse (1641).

Alors commença autour de Wolfenbüttel une série de combats et de manœuvres dans lesquelles Merci accrut sa réputation et se plaça au niveau des meilleurs généraux qu'on avait vu briller à la tête des armées impériales. Les Suédois durent abandonner les lignes de l'Oker, lever le siége de Wolfenbüttel et se retirer en Westphalie, où le maréchal Torstenson [1] vint prendre le commandement en chef vacant depuis la mort de Banier (1642).

Torstenson, le plus grand homme de guerre et le plus habile tacticien qu'aient jamais eus les armées suédoises, trouva de dignes adversaires dans les généraux bavarois.

[1] Léonard Torstenson de Torstena-Restadt, comte Torstenson, feld-maréchal des armées suédoises (en 1641), mort à Stockholm le 18 avril 1651.

De part et d'autre, dans cette campagne remarquable, ce ne fut que projets devinés aussitôt que conçus, que manœuvres déjouées aussitôt qu'entreprises, et de marches en contre-marches, de stratagèmes en stratagèmes, les deux armées, sans s'être livré bataille, se retirèrent chacune de son côté.

Et on ne sait lequel on doit le plus admirer, ou du maréchal Torstenson qui, porté en litière, souffrant cruellement de la goutte et d'une autre maladie terrible, déployait une activité prodigieuse, se trouvait toujours où on ne l'attendait pas et ne paraissait jamais là où on l'attendait; ou du général de Merci qui, non moins infatigable, savait toujours prévenir les desseins de ses ennemis, ne donnait jamais prise à leurs attaques et se tenait toujours prêt à profiter de leurs fautes. Le maréchal de Wahl tenait Merci pour l'âme de ses conseils et, habile général lui-même, avait la franchise de reconnaître hautement les capacités supérieures et la science militaire de son général d'artillerie.

Enfin les deux armées, épuisées par de longues marches à travers des pays ravagés, souffrant toutes les privations, et atteintes de toutes les maladies qui en sont la suite, évacuèrent les états de Brünswick et se portèrent, les Suédois en Silésie, les Bavarois en Franconie, les Autrichiens en Misnie.

Torstenson étant tenu en haleine par les troupes impériales, le général de Merci fut chargé d'envahir le Brisgau occupé par les Français et par l'ancienne armée du duc Weimar (1642).

Le maréchal de Guébriant commandait toutes les troupes ennemies sur la rive droite du Rhin. Merci le délogea de la Souabe, le rejeta sur la rive gauche et pénétra lui-même en Alsace. Mais trop prudent pour aventurer une armée, dont l'effectif était fort réduit, le général bavarois ne poussa pas plus loin ses succès et retournant sur la rive droite du fleuve, attendit les renforts qu'on lui envoyait d'Allemagne.

Guébriant, de son côté, ayant reçu des troupes fraîches, reprit l'offensive, et repassant le Rhin, se porta avec 15,000 hommes sur Rotweil qu'il voulut enlever d'assaut. Mais la mort l'attendait là. Atteint d'un coup de fauconneau, il dut subir l'amputation du bras, à laquelle il succomba le 19 novembre 1643. Rotweil tomba au pouvoir des Français, mais la prise de cette place leur avait coûté le tiers de leur armée.

Le comte de Rantzau[1] qui prit le commandement après la mort de Guébriant, dirigea l'armée française sur le Würtemberg, sans que les Bavarois s'opposassent à cette manœuvre. En général consommé, Merci surveillait la marche des Français et attendait une occasion favorable pour marcher à son tour. Cette attente ne fut pas longue. Le maréchal de Rantzau, confiant dans l'inaction de ses adversaires, établit les quartiers de son armée à Dutlingen, en Souabe.

Alors le général de Merci, qui avait combiné le mouvement de ses divisions, sans que l'ennemi en fût instruit, les fit déboucher toutes sur l'armée française, le 22 novembre 1643. Celle-ci, prise à l'improviste, éprouva un véritable désastre. Le maréchal de

1 Josias, comte de Rantzau, maréchal de France, appartenait à une ancienne famille danoise. Il avait perdu un œil, une oreille, un bras et une jambe sur quatre champs de bataille. On fit à ce héros mutilé l'épitaphe suivante :

DU CORPS DU GRAND RANTZEAU, TU N'AS QU'UNE DES PARTS ;
L'AUTRE MOITIÉ RESTA DANS LES PLAINES DE MARS.

Rantzau, le général de Montausier, les équipages, les bagages, les tentes, l'artillerie et 6,000 hommes tombèrent entre les mains des vainqueurs. De toute l'armée française, il n'échappa que huit bataillons et sept escadrons, qui purent se réfugier à Lauffembourg.

Par la victoire de Dutlingen, le général de Merci sauva l'Autriche et la Bavière d'un danger immense, et leur permit de tourner toutes leurs forces contre les Suédois.

Le maréchal comte de Wahl, commandant en chef de toutes les armées bavaroises, étant mort en 1644, l'Electeur de Bavière récompensa le vainqueur de Dutlingen en l'élevant à la dignité de feld-maréchal-général de ses armées [1].

L'empereur le créa baron du Saint-Empire d'Allemagne [2], et conféra le même titre à son frère Gaspard de Merci, major-général des armées bavaroises.

La position était difficile. Le maréchal de Galas avait compromis l'armée du Nord. Le comte de Hatzfeld [3], qui lui avait été substitué, essayait d'arrêter les progrès de Torstenson et de Konigsmarck [4], pendant qu'une

[1] Il n'y avait alors comme aujourd'hui qu'un seul feld-maréchal-général à la tête des armées de Bavière. Ce haut poste est occupé depuis 1841 (janvier) par le prince Charles de Bavière, oncle du roi régnant, Maximilien II.

[2] Contrairement à la transmission des titres de noblesse en France, par ordre de primogéniture des mâles, les titres de noblesse du Saint-Empire sont transmissibles à tous les membres de la famille noble, quel que soit l'ordre de naissance.

[3] Melchior de Hatzfeld, comte de Gleichen Hatzfeld, baron de Wildemberg et de Trachenberg, feld maréchal-général des armées de l'Empire, général des armées saxonnes, mort à Bovitsko, le 9 janvier 1658.

[4] Jean-Christophe-Conrad, comte de Konigsmarck et de Westerdyk, feld-maréchal suédois (10 avril 1650), mort à Stokholm, le 20 février 1663.

autre armée impériale luttait contre les révoltés de Transylvanie, qui, soutenus par les Turcs, menaçaient le cœur de l'Autriche.

Le maréchal de Merci, chargé de défendre l'ouest de l'Allemagne, s'acquitta de cette mission avec la supériorité dont il avait déjà donné tant de preuves. Mais sa tâche fut rendue difficile par les talents militaires du général français qui remplaça Rantzau. Le vicomte de Turenne [1] avait rallié les débris échappés au désastre de Dutlingen, et des renforts considérables qu'on lui envoyait de France allait remettre son armée sur un pied formidable. Merci, renforcé de son côté par quelques régiments autrichiens, ne négligea rien pour agir avant l'arrivée des troupes attendues.

Fribourg, la place la plus importante du Brisgau, attira les premiers efforts de l'armée impériale. Le général de Werth [2], à la tête d'un corps bavarois, dégagea les abords de cette ville et menaça Brisach, où Turenne venait de porter son quartier-général; et le maréchal de Merci ouvrit les lignes de siége avec le reste de son armée.

Le général en chef de l'armée française avait trouvé ses troupes dans l'état le plus déplorable; mais, fécond en ressources, il les avait bientôt réorganisées, et pour suppléer à la faiblesse numérique, il avait demandé un puissant renfort. Le gouvernement français, qui redoutait

[1] Henri de la Tour d'Auvergne de Bouillon de Sedan, vicomte de Turenne, maréchal de France (1643), maréchal-général des armées françaises, tué à Saltzbach, le 27 juillet 1675.

[2] Jean de Werth, baron de Werh, feld-maréchal-général des armées bavaroises (juillet 1647) et autrichiennes (janvier 1648), mort à Benadyk, le 6 octobre 1658.

les talents du général bavarois, avait ordonné au duc d'Enghien [1] de se transporter en toute hâte dans le Brisgau, avec l'armée victorieuse de Rocroi et de Thionville, et ne croyait pas trop faire en envoyant ses deux meilleurs généraux à la défense de Fribourg (1644).

Le duc d'Enghien quitta les bords de la Meuse et marcha avec une célérité extraordinaire. Le maréchal de Turenne déploya tout ce que l'art militaire a de plus secret et de plus hardi pour donner au prince le temps d'arriver. Les Austro-Bavarois, placés entre deux feux, étaient assiégés en même temps qu'assiégeants. Mais le maréchal de Merci savait veiller à l'attaque comme à la défense. Il multiplia ses retranchements, profita des bois pour couvrir ses lignes, et pressa le siége avec une telle vigueur, que Turenne n'eut que la gloire d'avoir retardé la conquête. Le duc d'Enghien n'avait employé que treize jours à faire une marche de 66 lieues, avec une armée de 10,000 hommes, mais sa diligence fut inutile; il apprit en arrivant que le maréchal de Merci était entré dans la place [2].

Au moment où les armes impériales recevaient un nouvel éclat par la conquête de Fribourg, les généraux que l'empereur avait opposés aux Suédois, moins habiles ou moins heureux que Merci, essuyaient de terribles revers, et les succès de Ragotski en Hongrie et en Transylvanie faisaient trembler la capitale de l'Empire.

[1] Louis de Bourbon, duc d'Enghien, devenu en 1646 prince de Condé par la mort de son père, fut surnommé le Grand Condé. Ce héros venait de débuter dans le métier militaire par la victoire de Rocroi sur D. Francisco de Mello d'Assumar, gouverneur des Pays-Bas espagnols (19 mai 1643) et par la prise de Thionville (1644). Le Grand Condé est mort en 1695.

[2] Le prince fut si furieux, qu'il voulut faire pendre le gouverneur de Fribourg. La cour militaire, plus indulgente, l'acquitta avec honneur.

Ces circonstances ôtèrent au général en chef de l'armée du Rhin toute espérance de secours, au moment où la jonction du duc d'Enghien avec Turenne lui préparait des difficultés plus grandes que toutes celles qu'il avait surmontées. Le jeune prince français était considéré comme invincible depuis la bataille de Rocroi, et les soldats qui composaient son armée avaient une confiance aveugle dans son génie.

Le maréchal de Merci ne négligea rien pour tenir tête à ses nouveaux adversaires.

Toute l'Europe avait les yeux fixés sur le Brisgau, où les plus illustres hommes de guerre se trouvaient en présence.

« Merci, dans un siècle fécond en grands capitaines,
» consolait l'Allemagne des héros qu'elle avait perdus.
» Habile à pénétrer les desseins de ses ennemis, il
» semblait, du milieu de son camp, présider à leur
» conseil. C'est par cette prévoyance que, déconcertant
» leurs projets, il avait jusqu'alors préparé ou saisi à
» propos le moment de la victoire. Il était si attentif et
» si vigilant, qu'il n'oublia jamais rien de ce que la
» prudence doit prévoir. Il eut quelquefois des disgrâces,
» mais jamais des fautes à réparer [1]. »

L'éloge et le parallèle des deux généraux en chef français a été fait si souvent et par des plumes si habiles, qu'il est superflu de le retracer ici [2]. Je rappellerai seulement que Condé, l'homme de l'enthousiasme et des grandes inspirations, et Turenne, l'homme du sangfroid et de la tactique savante, s'entendaient remar-

[1] Turpin, *Vie du prince de Condé*, tome I, page 78.

[2] Saint Evremont a peint admirablement le caractère de ces deux capitaines.

quablement, malgré le contraste absolu de leurs capacités, et, en réunissant leurs lumières, ne formaient pour ainsi dire qu'un seul général en chef, sous lequel l'armée française pouvait à bon droit se considérer comme invincible.

Tels étaient les grands hommes qui allaient se mesurer pendant cette mémorable campagne.

Le maréchal de Merci, maître de Fribourg, ne songeait qu'à conserver sa conquête. Mais persuadé que le duc d'Enghien voudrait rendre aux armes françaises la réputation qu'elles avaient perdue à Dutlingen, il chercha une position assez avantageuse pour lui ôter l'envie de l'attaquer. Ferme dans la résolution de ne point combattre, il ne voulait pas confier au sort d'une bataille les fruits d'une campagne brillante. Son armée, forte de 18,000 hommes, était supérieure à celle des Français. Le baron Jean de Werth commandait son infanterie. Le baron Gaspard de Merci commandait sa cavalerie. En général expérimenté, le maréchal voulut encore se donner l'avantage du terrain.

Fribourg est située dans une plaine, bornée sur la droite par une chaîne de montagnes et environnée sur la gauche de bois et de marais. Les montagnes ont des ouvertures faciles à défendre. Un ruisseau coule au milieu de cette vallée marécageuse. Les bois ont des défilés fort étroits qui en rendent le passage périlleux et difficile. Merci, ingénieux à tirer parti de tous les avantages, choisit cette plaine pour asseoir son camp. Il fit élever sur la pente de la montagne un fort où il logea 600 hommes. Cette précaution le rendait maître de l'endroit où la montagne était le plus accessible. Il garnit le bois de redoute et forma une ligne avec des sapins dont les branches entrelacées rendaient les passages impraticables. Merci, après avoir fortifié sa position avec toute l'intelligence d'un génie fait pour la guerre, attendait avec confiance les mouvements des Français.

Le maréchal de Turenne, qui ne voulait entreprendre que ce qu'il était assuré d'exécuter, fut d'avis de ne point hasarder une attaque dont le succès douteux, ou du moins acheté trop cher, mettrait le vainqueur dans l'impuissance de profiter de ses avantages. La position respectable de Merci justifiait cette défiance. Mais le duc d'Enghien, qui ne voyait dans la difficulté de vaincre qu'un motif de plus pour combattre, déclara qu'il était résolu à forcer l'ennemi dans son camp.

Aussitôt commença cette attaque meurtrière, qu'on peut nommer les journées de Fribourg, puisque pendant trois jours les généraux déployèrent toutes les ressources de la science de la guerre, et il n'y eut pas d'instant qui ne fût marqué par des escarmouches sanglantes et terribles.

Journée du 3 août. Attaqués avec furie, les Bavarois qui défendaient la première ligne du haut de la montagne se défendirent avec opiniâtreté. Une vigne entourée de murs formait la première redoute : un combat terrible s'y engagea. Le duc d'Enghien, les généraux de Guiche[1] et de Marsin[2] animaient les Français en donnant l'exemple de la plus grande intrépidité. Mais les Impériaux ne cédèrent pas à cette attaque et mirent les assaillants dans une position critique. Le duc d'Enghien voyant commencer une déroute dont les conséquences

[1] Antoine de Guiche, comte puis duc de Gramont, maréchal de France, connu d'abord sous le nom de maréchal de Guiche.

[2] Jean, comte de Marsin, père du maréchal Ferdinand de Marsin.

paraissaient terribles, descendit de cheval avec tout son état-major, et marchant l'épée à la main à la tête des 2,000 hommes de sa réserve, rendit à ses soldats tout leur courage et toute leur ardeur. C'est alors que, lançant son bâton de commandement par dessus les retranchements, le prince se précipita pour le reprendre, suivi de ses volontaires et du régiment de Conti. Lui-même franchit le premier l'abattis de sapin. Officiers et soldats s'élancèrent après lui, et l'enthousiasme irrésistible qui les entraînait aurait pu causer l'anéantissement de l'armée bavaroise. Mais déjà Merci, économe du sang de ses soldats, avait fait évacuer la première ligne. Cet homme, que le sang-froid n'abandonnait jamais, attendait avec confiance derrière de nouveaux retranchements un ennemi qui avait brisé son élan en passant par dessus les premiers. Aussi le duc d'Enghien, vainqueur au premier choc, se trouva au sommet de la montagne exposé au plus grand danger. Il avait fait des pertes énormes et son infanterie n'était pas soutenue.

Turenne, qui tentait le passage par le vallon, avait en tête le maréchal de Merci lui-même, et ne pouvant déployer son corps d'armée, voyait tomber tous ses hommes sans avancer sensiblement. La nuit seule arrêta cette lutte acharnée. Merci, profitant de l'obscurité pour combiner les mouvements de ces deux aîles, laissa les Français dans leur position et se rapprocha de Fribourg en développant toutes ses troupes dans la seconde ligne qu'il s'était ménagée.

L'armée bavaroise était installée dans son nouveau camp avant que les ennemis aient pu soupçonner cette manœuvre. Le canon, en portant le désordre dans les rangs français, désigna seul au duc d'Enghien le nouvel emplacement qu'avait choisi son adversaire. Furieux de voir ses espérances trompées, le prince voulut tenter immédiatement une seconde attaque, mais les soldats refusèrent de marcher; il lui fallut céder aux conseils de Turenne et remettre la bataille au lendemain.

Le maréchal de Merci profita de la nuit pour fortifier son nouveau camp avec autant d'industrie que celui qu'il avait quitté. Une de ses aîles était protégée par le canon de Fribourg, et l'autre par une montagne dont la hauteur suffisait à la défense. Il n'oublia rien pour rendre ses lignes impénétrables.

Journée du 4 août. L'attaque commença dès le matin. Une colonne française, conduite par le général d'Espenan, se porta sur une redoute placée en tête des retranchements bavarois; la lutte y fut sanglante. Les défenseurs étaient commandés par le général de Werth, et bientôt le maréchal vint les encourager par sa présence. Le corps d'Espenan fut taillé en pièces. Le général de l'Eschelle, qui accourut avec des troupes fraîches, fut également repoussé et tomba mort dans la mêlée. Alors arriva le duc d'Enghien suivi d'une troisième colonne d'attaque sous le général d'Aumont. Ralliant les débris des corps d'Espenan et de l'Eschelle, le prince recommença le combat. Mais les lignes bavaroises restèrent inébranlables. Merci avait ordonné à son infanterie de faire une décharge générale à bout portant. Les Français avaient franchi pour la seconde fois les premiers ouvrages et se croyaient déjà vainqueurs, lorsqu'un feu terrible les accueillit et tous les premiers rangs furent couchés par terre. Un désordre inexprimable se répandit dans toute l'armée française et dégénéra bientôt en déroute. Profitant de cette hésitation, le général de Werth reprit l'offensive et faisant charger l'infanterie bavaroise, reconquit en un instant le terrain qu'il avait perdu au premier choc. Une terreur panique qui saisit les derniers rangs ennemis assura dès lors la victoire. Officiers et soldats cherchèrent leur salut dans la fuite. Le duc d'Enghien qui, pendant toute la lutte, s'était exposé à la mort en se tenant à trente pas des retranchements, essaya les menaces et les prières pour arrêter la déroute. Mais en vain : tout céda à l'ardeur des Bavarois. Le prince eut le pommeau de sa selle emporté par un boulet de canon. Le maréchal de Guiche eut son cheval tué sous lui. Enfin, cédant à la nécessité, les généraux français abandonnèrent un champ de bataille jonché des cadavres de leurs soldats.

A l'autre aîle l'attaque avait été jusque-là moins sérieuse. Le maréchal de Turenne n'avait pas fait de progrès. Merci lui avait opposé l'élite de son infanterie, dont le feu meurtrier avait obtenu le meilleur effet. Mais le duc d'Enghien, inconsolable de l'échec qu'il venait d'éprouver, envoya ordre aux troupes weimariennes de marcher vivement en avant et d'enlever à tout prix la position qu'elles avaient devant elles.

Les lignes bavaroises furent attaquées de front par les corps de Rosen et de Tübal, et de flanc par les gendarmes à cheval. En butte à un élan irrésistible, elles furent sur le point d'être forcées, mais le général Gaspard de Merci, qui les commandait, se multiplia pour faire face à tous les dangers. Prévoyant que la cavalerie française serait arrêtée par un fossé et que l'infanterie weimarienne pourrait seule entrer dans les retranchements, il fit mettre promptement à pied tous ses cavaliers pour servir comme infanterie.

Ce fut alors que les deux partis, s'élançant l'un sur l'autre, commencèrent une de ces actions terribles et

opiniâtres telles que les annales des guerres en rapportent peu d'exemples : « C'étaient moins des com-
» battants animés par le désir de vaincre, qu'une troupe
» de furieux acharnés à s'entr'égorger. » Confondus dans la mêlée, les soldats ne distinguaient amis ou ennemis qu'à la lueur de l'artillerie et de la mousqueterie ; l'air obscurci par la fumée dérobait la lumière du jour. Chacun avait autant à craindre la méprise d'un camarade que le fer d'un adversaire. Enfin, si la nuit ne fût pas survenue, le carnage n'aurait cessé que par l'extinction entière d'un des deux partis.

Le duc d'Enghien voyant alors l'impossibilité de forcer des lignes si bien défendues, dut se résoudre à battre en retraite.

Telle fut l'issue mémorable de la deuxième journée de Fribourg. Ayant en tête le duc d'Enghien et le vicomte de Turenne, attaqué par l'armée française victorieuse de Rocroi et de Thionville et par ces fameuses troupes weimariennes, qui depuis quinze ans n'avaient pas cessé de combattre et d'accroître une réputation de gloire et de valeur qu'elles avaient justement acquise sous le grand Gustave, le maréchal de Merci n'avait pas craint de résister à tant de chances contraires et avait vu sa confiance couronnée de succès. Mais une victoire si étonnante ne pouvait être que chèrement achetée. Resté maître du champ de bataille, le vainqueur put compter par milliers les cadavres des meilleurs soldats français entassés les uns sur les autres, pêle-mêle avec ceux des meilleurs soldats bavarois ; et parmi ces derniers, il reconnut son frère le brave général Gaspard de Merci, renversé par une balle sur les retranchements qu'il avait si valeureusement défendus.

Le général en chef de l'armée bavaroise était trop

consommé dans l'art de la guerre pour s'attrister à compter ses pertes comme pour s'endormir sur le succès.

L'attaque du 4 août avait dû démontrer aux ennemis que ses positions étaient imprenables, mais il pouvait craindre que ses communications avec l'Allemagne fussent coupées. Or, cela ne pouvait arriver que dans le cas où les Français se rendraient maîtres de Killingen, ville située à l'entrée d'un défilé très-étroit et qui était la clef de tous les passages des montagnes. Cette position était située à plus de quinze lieues de Fribourg, et il n'était pas probable : d'abord, que le duc d'Enghien connût l'importance de Killingen; ensuite qu'il eût la pensée d'y envoyer un détachement suffisant pour en déloger la garnison bavaroise placée là par Merci dès le début de la campagne. Un général ordinaire eût donc attendu les événements avec confiance et serait demeuré immobile dans un camp où il n'avait plus rien à redouter. Mais l'illustre maréchal, duquel on a dit que pas un projet de ses ennemis n'a été conçu sans qu'il l'ait deviné [1], eut pour première pensée d'assurer ses communications, avant même que la possibilité de les couper fût connue des généraux français. Et pendant la nuit qui suivit la bataille l'armée bavaroise prit toutes ses dispositions pour décamper.

Dès le matin, Merci put se convaincre qu'il n'avait pas trop présumé de l'habileté de ses adversaires. Il lui fut évident que l'armée française se mettait en mouvement. Sans s'inquiéter de profiter de cet instant pour l'attaquer à son tour, et ne permettant pas même d'insulter l'arrière-garde, il mit immédiatement toutes

[1] De Feller (*Dictionnaire historique*, 1795)

ses colonnes en marche, et fit la plus grande diligence pour devancer les Français à Villingen.

Le duc d'Enghien et le maréchal de Turenne avaient en effet décidé que leur armée se rendrait à tout prix maîtresse de cette position, afin de cerner et de réduire par la famine un ennemi qui se défendait trop bien pour qu'on pût espérer d'en triompher par la force; et laissant un corps d'armée en observation pour retenir les Bavarois dans leurs lignes, ils avaient levé leur camp et s'étaient engagés dans la vallée. Alors seulement ils s'aperçurent que le maréchal de Merci abandonnait aussi ses positions.

Il fut dès lors évident aux généraux des deux armées qu'ils couraient au même but, et que la victoire appartiendrait à celui qui arriverait le premier. Il était difficile de dire quelle voie était la plus praticable, ou de celle suivie par les Bavarois sur la crête de montagnes escarpées et privées de tout chemin frayé, ou de celles que prenaient les Français au fond de la vallée, au milieu d'un dédale inextricable de bois, de marais et de défilés.

Jamais on n'avait vu le spectacle curieux de deux grandes armées, aux ordres des plus fameux stratégistes de l'Europe, faisant assaut de vitesse à travers les accidents de terrain les plus insurmontables, marchant parallèlement à une faible distance, échangeant à peine quelques coups de feu, chacune craignant de retarder sa marche en engageant des escarmouches.

Cette manœuvre, sans exemple dans l'histoire, fut cependant interrompue par un combat sérieux. Le maréchal de Merci, voyant ses troupes embarrassées et rétardées dans leur marche par l'escarpement des rochers et par le feu des tirailleurs que le duc d'Enghien avait détachés sur son flanc, prit une résolution soudaine qui devait lui rendre toute l'avance qu'il avait perdue. Tournant rapidement sur la droite et abandonnant le haut des montagnes, il débusqua l'infanterie qui le harcelait, la rejeta sur le corps de Rosen, la suivit dans la plaine et déboucha inopinément sur l'armée française. Le comte de Rosen reçut le choc intrépidement. Massant 800 hommes de troupes weimariennes qu'il trouva sous sa main, ce général résista à l'effort terrible de toutes les forces bavaroises et donna le temps au duc d'Enghien de former ses lignes de bataille et de porter toutes ses troupes sur le lieu de l'action. Il s'ensuivit une bataille générale.

C'est le résultat qu'attendait le général en chef bavarois ; aussitôt qu'il vit toute l'armée ennemie engagée, considérant sa cause comme gagnée, il ordonna un mouvement à sa gauche, reforma ses troupes en colonnes avec une inconcevable rapidité, et sans s'inquiéter de ses bagages et de son artillerie, sûr désormais d'avoir reconquis toute son avance et d'arriver le premier au but, il reprit sa marche vers Villingen, avec d'autant plus de célérité qu'il avait laissé aux mains des Français tout ce qui aurait pu retarder son armée.

Le duc d'Enghien, en restant maître du champ de bataille, s'aperçut bientôt qu'il perdait le but auquel tendaient ses combinaisons, et se hâtant de reformer ses bataillons, voulut se mettre à la poursuite des Bavarois. Mais déjà Merci, engagé dans les défilés des montagnes, était hors de vue de l'armée française, et celle-ci, exténuée de marches excessives et de combats incessants, refusa d'aller plus loin (7 août 1644).

Cédant aux instances de ses généraux, le prince se

décida à renoncer à la prise de Villingen, et par suite à celle de Fribourg. Il lui fallut changer ses plans de campagne.

La bataille du 7 août était la troisième des journées de Fribourg.

Ainsi, dans une campagne de quelques jours, François de Merci venait de donner à ses adversaires la plus belle leçon de tactique et de science militaire, et était sorti couvert de gloire d'une lutte acharnée où les plus grands capitaines de la France avaient déployé tout leur talent et tout leur génie, et où l'honneur avait été égal de part et d'autre, puisqu'il n'y avait eu, à vrai dire, ni batailles perdues, ni batailles gagnées, quoiqu'on se fût battu tous les jours.

L'illustre général lorrain ayant trop peu de troupes pour défendre toutes les places, et craignant de disséminer les forces dont il pouvait disposer, ne voulut pas abandonner les montagnes du Brisgau, d'où il pouvait couvrir Fribourg, qu'il avait sauvé d'un grand danger, et en même temps attendre la première occasion favorable que lui offriraient ses ennemis.

Le duc d'Enghien ne s'inquiétant pas davantage de ce qui se passait derrière lui, porta la guerre vers le Nord. Worms et Landau, dont les fortifications étaient à peine ébauchées, ouvrirent leurs portes au maréchal de Turenne. Mayence ne voulut se rendre qu'au duc d'Enghien. L'avis de quelques officiers français était de marcher de nouveau sur Fribourg, car l'immobilité des Bavarois dans leurs lignes leur paraissait redoutable, mais le prince, avant de se mesurer de nouveau avec le général, dont l'étoile faisait pâlir la sienne, voulait ajouter des lauriers plus faciles à cueillir, à ceux qu'il avait déjà conquis. En conséquence, il remit la campagne sérieuse à l'année suivante, laissa Merci prendre à loisir ses quartiers d'hiver, et avant de prendre les siens, s'empara encore de Philipsbourg et de Manheim.

Il rentra en France le 10 octobre 1644.

Le maréchal de Turenne resta à la tête de l'armée française et se chargea de défendre le Palatinat contre tout retour offensif des troupes allemandes.

Celles-ci ne firent pas un mouvement pendant tout le reste de la campagne de 1644. Le maréchal de Merci attendait toujours, se contentant de renforcer son armée et laissant reposer ses soldats, sans abandonner les formidables positions qu'il occupait.

Fatigué de battre la campagne sans avoir d'ennemis sérieux devant lui, entendant son armée se plaindre sans cesse de fatigues dont on n'entrevoyait ni le but ni la fin, Turenne se décida à prendre ses quartiers d'hiver pour attendre le printemps.

Le moment semblait bien choisi. Non-seulement les Bavarois ne paraissaient pas songer à quitter leurs lignes de Fribourg, mais le maréchal de Merci venait de détacher une partie de ses troupes pour la défense de Vienne. L'Autriche courait alors le plus grand danger. Le maréchal de Hatzfeld avait été battu complètement à Jankowitz, le 16 mars 1645, par le maréchal Torstenson, et les Suédois marchaient sur la capitale.

Ancien adversaire des Horn et des Banier, le général en chef bavarois avait déjà prouvé que s'il savait attendre les occasions favorables, il savait en tirer parti quand elles se présentaient. Le désastre encore récent qu'il avait fait éprouver au maréchal de Rantzau, aurait dû être un enseignement utile pour le vicomte de Turenne, et le mettre en garde contre l'inaction de son adversaire. Mais les glorieuses batailles de Fribourg avaient fait perdre aux Français le souvenir de la bataille de Dutlingen. Merci jugea le moment venu de leur rappeler ses anciens exploits.

Le 5 mai 1645, toute l'armée bavaroise arriva inopinément sur les quartiers de Marienthal. Elle avait traversé la Forêt-Noire avec tant de célérité, que le général français n'avait pas même reçu avis de son départ de Fribourg.

Les différents corps de l'armée française étaient assez éloignés les uns des autres [1]. Envoyer ordre sur ordre, réunir les différentes fractions et masser toute son armée, ce fut pour Turenne l'affaire d'un instant. Mais il était trop tard. Avant que les Français aient pu former leur ligne, la bataille était engagée. Attaquée en tête, et pressée des deux côtés, la division de Rosen fut enveloppée et taillée en pièces. L'infanterie bavaroise, dirigée par le général de Werth, ne s'arrêta devant aucun obstacle. En vain les divisions françaises se présentant les unes après les autres, essayèrent de s'opposer à ses progrès. Avançant à travers les décharges de l'artillerie et de la mousqueterie, elle culbuta tout sur son passage et dégagea la cavalerie qui, emportée par son ardeur, s'était aventurée trop loin et se repliait en désordre. Tout céda devant cette colonne formidable, et une déroute générale de l'armée française commença.

La victoire de Marienthal fut le pendant de celle de Dutlingen. Le camp, les bagages, l'artillerie tombèrent

[1] Ce fut la seule faute qu'on reprocha à Turenne dans le cours de sa longue carrière militaire, et le souvenir de Marienthal ne contribua pas peu à rendre ce général le plus grand tacticien de son siècle.

entre les mains des Bavarois. Turenne échappa à grand'peine aux vainqueurs, et toute son armée fut anéantie.

Les fuyards se réfugièrent dans la Hesse.

Cette province, alors alliée de la France, fut envahie par l'armée victorieuse. Le maréchal Mélander de Holtzapfel, qui commandait les troupes hessoises, n'avait laissé à Cassel qu'un corps d'armée, sous les ordres du général de Geis. C'est à ce faible noyau que se rallièrent les débris de l'armée vaincue à Marienthal. Le maréchal de Turenne, incapable d'être découragé par un revers, chercha des renforts de tous côtés. La terreur qu'inspiraient les progrès des Bavarois, avait décidé les Suédois à lever enfin leurs quartiers d'hiver. Le général de Konigsmarck entra en Hesse avec son corps d'armée, et en France l'ordre fut donné à l'armée de Champagne de marcher en toute hâte vers le Rhin.

Le maréchal de Merci s'était en quelques jours emparé de toute la province, et assiégeait la ville de Kirckheim, lorsqu'il apprit l'arrivée de Konigsmarck et la jonction des Suédois avec l'armée franco-hessoise. Se trouvant alors à la tête de forces très-inférieures, et ayant reçu avis qu'on lui envoyait des renforts, il se décida à entrer en Franconie pour couvrir leur marche et pour les recevoir. Il y rencontra le maréchal de Gléen [1], qui amenait 6,000 hommes de troupes autrichiennes.

[1] Godefroy de Huyn, comte de Gléen, feld-maréchal général des armées autrichiennes, des armées du cercle de Wesphalie, et plus tard des armées bavaroises, grand-commandeur de l'ordre teutonique de Sainte-Marie de Jésusalem.

Le maréchal de Turenne avait reçu ordre de la cour de France de ne rien entreprendre avant l'arrivée de l'armée de Champagne, dont le duc d'Enghien avait pris le commandement.

Merci se bornait à surveiller de près les mouvements des ennemis pour profiter de leurs fautes.

Aussi la campagne ne fut signalée par aucun événement digne d'être rapporté, jusqu'au moment où le duc d'Enghien, arrêté quelque temps dans sa marche par les dispositions hostiles de la Lorraine, arriva enfin sur le théâtre de la guerre, avec 6,000 hommes d'infanterie et 4,000 de cavalerie. Le prince fit sa jonction à Spire avec Turenne, Konigsmarck et Geis, qui l'attendaient avec impatience.

Ainsi, les adversaires de Fribourg allaient se retrouver face à face.

D'un côté, Merci ayant sous lui une armée bavaroise et une armée autrichienne.

De l'autre côté, le duc d'Enghien sous les ordres duquel étaient rangées les trois armées de France, de Suède et de Hesse.

Les deux partis étaient composés l'un comme l'autre, d'éléments hétérogènes, mais l'union de ces éléments n'était pas, à beaucoup près, aussi parfaite dans une armée que dans l'autre.

Sous les ordres de Merci servaient deux hommes illustrés par de nombreux exploits : Jean de Werth, un des guerriers les plus populaires de l'Allemagne [1],

[1] Jean de Werth a joui également d'une grande popularité en France. Les vaudevillistes du XVIIe siècle l'ont choisi pour héros. (Mémoires de Montpensier).

et Godefroy de Gléen, qui avait longtemps commandé avec éclat les armées de l'Empereur. L'un comme l'autre pouvaient regarder comme au-dessous d'eux de n'occuper que la seconde place, et cependant tous deux se soumettaient aveuglément aux ordres du général en chef. Bavarois, Autrichiens et Bohêmes semblaient avoir oublié leur rivalité pour combiner leur ardeur et leur courage à la défense de la cause commune.

Dans l'armée du duc d'Enghien, le spectacle était tout différent. Français, Suédois et Allemands étaient aussi divisés que s'ils n'avaient eu aucun intérêt à se réunir; et cette antipathie naturelle était encore accrue par la désunion des généraux des trois nations. Le général de Konigsmarck, qui exerçait le suprême commandement depuis plusieurs années, et était un des plus glorieux généraux des armées suédoises, avait obéi au maréchal de Turenne, et ne voulait pas se plier à la volonté du duc d'Enghien. Le général de Geis, non moins susceptible depuis l'arrivée du prince, prétendait faire marcher à part les troupes hessoises, et faisait des actes publics d'indépendance.

D'où venait une si grande dissemblance dans les dispositions?

Pourquoi le duc d'Enghien trouvait-il avec des éléments semblables plus de difficultés que n'en rencontrait le maréchal de Merci?

Cependant les deux généraux étaient également connus par leur mérite militaire et par les victoires qu'ils avaient remportées. De plus, le duc d'Enghien, prince du sang de France, était après le roi le premier personnage du royaume, et François de Merci n'avait ni la préséance du rang, ni l'avantage de la naissance sur les généraux qui commandaient sous ses ordres.

Comment l'autorité du gentilhomme était-elle adoptée sans contrôle tandis qu'au contraire l'autorité du prince était discutée et méconnue?

C'est que le caractère du général en chef exerce une grande influence sur l'organisation et l'esprit d'une armée.

Le maréchal de Merci, ferme dans ses commandements, mais aussi toujours égal dans son humeur, affable et prévenant pour tous, ordonnait avec autant d'aménité que s'il demandait un service.

Le duc d'Enghien, orgueilleux et hautain, facilement irritable et terrible dans sa colère, commandait avec raideur et écrasait ses lieutenants de tout le poids de sa grandeur.

Le maréchal était aussi dur pour lui-même qu'il était compatissant pour les autres.

Le prince était aussi dur pour les autres [1] qu'il était dur pour lui-même.

C'est que le premier, fils de ses œuvres, avait appris à obéir avant de savoir commander, et le second, placé sur les marches du trône, n'avait jamais eu besoin d'obéir puisqu'il était né pour commander.

Est-il nécessaire de chercher d'autres causes à la mésintelligence qui divisait l'une des deux armées et à la concorde qui régnait dans l'autre.

[1] On ne me reprochera pas d'exagérer le caractère difficile du grand Condé, si l'on se rappelle qu'après la bataille de Fribourg, ce prince, parcourant le champ de bataille couvert de cadavres, dit froidement à ses généraux : « Une nuit de Paris suffit pour réparer toutes ces pertes; *Une seule nuit,* » paroles inexcusables quand bien même elles auraient été prononcées dans l'ivresse d'une action. Les généraux les moins avares du sang de leurs soldats, n'ont jamais contemplé de sang-froid les cadavres des champs de bataille.

Le vainqueur de Marienthal, qui n'ignorait pas les dissensions de ses ennemis, en espérait une issue favorable pour ses intérêts et avait résolu de ne point livrer bataille tant que les Suédois marcheraient avec les Français. Dans le but de choisir un poste favorable pour ses observations et dont il ne craindrait pas d'être délogé par la force, il fit passer le Necker à son armée dans le plus bel ordre de bataille et s'assit dans un camp si formidable, que le duc d'Enghien dut renoncer à agir directement contre lui, et pensa à porter toutes ses forces sur le Danube.

Merci devina bientôt ce nouveau plan de campagne, rapprocha ses lignes du fleuve et s'établit au centre de la Franconie. Le prince voulut l'y suivre, mais il fut arrêté dans sa marche par la défection de ses alliés. Le comte de Konigsmarck ne pouvant supporter l'arrogance du général français et se voyant traité moins en général allié qu'en officier subalterne, déclara qu'il allait partir pour la Saxe avec les troupes qu'il commandait. Alors seulement le duc d'Enghien reconnut qu'il ne pouvait imposer à des étrangers la volonté inflexible devant laquelle se courbaient les généraux français. Le maréchal de Turenne le décida enfin à se dépouiller de son humeur altière pour retenir les Suédois. Mais ce fut Konigsmarck qui se montra inflexible. En vain l'orgueilleux prince employa promesses et prières. Tout fut inutile. Le général suédois, heureux à son tour de parler en maître, ne voulut rien entendre, fit monter ses fantassins en croupe derrière ses cavaliers et disparut avec tous ses Suédois [1].

[1] Il alla rejoindre dans la Basse-Saxe le maréchal Torstenson qui continuait à maintenir les armes de la Suède au faîte de la gloire, d'où elles n'étaient pas descendues depuis seize ans.

De son côté, le général de Geis avait refusé de s'éloigner de la Frise, et son obstination y retenait les Français. Là aussi le duc d'Enghien dut déposer sa fierté pour employer les prières, et grâce à l'intervention conciliante du vicomte de Turenne et aux ordres que Geis reçut de sa souveraine [1], la bonne intelligence parut rétablie.

L'armée franco-hessoise put enfin se diriger sur la Bavière, restée jusque-là à l'abri des dévastations.

Le maréchal de Merci, jugeant le moment venu de s'opposer à ce mouvement, marcha droit sur l'armée française et lui barra le passage en se couvrant d'un marais impraticable. L'action s'engagea à coups de canon le 1er août 1645. Le feu de l'artillerie bavaroise montra dès l'abord une grande supériorité. Le duc d'Enghien se voyant dans une position très-défavorable, et craignant de compromettre dans les marécages son infanterie et sa cavalerie, replia ses colonnes en arrière et tournant subitement vers le Danube, prit la résolution de marcher sur Nordlingen qu'il supposait sans défense.

Le général bavarois eut bientôt pénétré le nouveau dessein de son adversaire et lorsque le prince arriva près de la ville qu'il voulait prendre, il apprit avec surprise que les Impériaux étaient rangés en bataille dans la plaine.

Maître du terrain par la position qu'il avait choisie, Merci attendait avec confiance l'engagement qui semblait

[1] Cette princesse était la tante du maréchal de Turenne, et c'est à ce dernier qu'on dut les bonnes dispositions qu'elle témoigna toujours à l'égard des Français.

inévitable, et mettait tous ses soins à fortifier ses lignes pour se ménager de nouveaux avantages.

L'armée austro-bavaroise était appuyée sur trois coteaux qui, en deux jours, avaient été transformés en citadelles et permettaient de dominer toute la plaine. L'aile droite, commandée par le général de Werth, s'étendait entre ces coteaux et le village d'Allerheim. L'aîle gauche, commandée par le maréchal de Gléen, était rangée devant les collines ; sur celles-ci était placée l'artillerie qui pouvait protéger toute l'armée, et était couverte par le corps de réserve. Le général en chef ayant pris toutes ces dispositions, désirait vivement une bataille qu'il considérait comme décisive, et dont il ne mettait pas en doute l'heureuse issue.

Le duc d'Enghien, désappointé de rencontrer les ennemis en ligne là où il croyait arriver le premier, se résolut de suite à engager le combat. Habitué à consulter plutôt son courage que les règles de la prudence, il ne voulut pas écouter les sages remontrances de ses lieutenants et donna tous ses ordres pour la bataille, ce qui combla les vœux de son adversaire [1].

L'aile droite de l'armée française était commandée par le maréchal de Gramont, l'aile gauche par le maréchal de Turenne, la seconde ligne par le général de Geis, et la réserve par le général de Chabot.

C'est dans cette disposition que s'engagea la bataille de Nordlingen, le 5 août 1645, dans la même plaine d'Allerheim où, onze ans auparavant, les Impériaux

[1] Le maréchal de Merci fut transporté de joie quand il vit la bataille inévitable. Sûr du succès « il but quarante verres de vin, embrassa sa femme et lui promit de revenir bientôt vainqueur. » (La baronne de Merci, fidèle à un vieil usage allemand, suivait son mari dans toute ses campagnes).

avaient remporté une victoire signalée sur le maréchal de Horn. Le souvenir de cette bataille et l'avantage du terrain étaient d'un heureux présage pour les austro-bavarois.

L'action commença avec furie dans le village d'Allerheim que les Français voulurent d'abord emporter. L'attaque fut vigoureuse et la défense opiniâtre. L'élite de l'infanterie des deux parts y combattit avec une égale intrépidité. Le maréchal de Gramont à la tête de ses colonnes, soutenu par les gendarmes à cheval, pénétra dans le village en y mettant le feu.

Alors Merci saisissant le défaut d'ensemble dans l'attaque des Français, fit marcher en avant le maréchal de Gléen et fit charger toutes les troupes autrichiennes. Celles-ci prirent le corps de Gramont d'un côté, pendant que le général de Werth et les Bavarois le chargaient en tête. Assaillis avec une impétuosité terrible les Français furent culbutés en un instant. Le général de Marsin, poussé par les Autrichiens, vit sa division taillée en pièces et lui-même, blessé grièvement, tomba entre leurs mains. Gramont de son côté, enfoncé par les Bavarois, ne put empêcher la déroute de sa cavalerie, et son infanterie, dans le plus grand désordre, fut entièrement enveloppée par l'ennemi. En vain le maréchal réunissant deux régiments d'infanterie irlandaise, chargea la cavalerie bavaroise, et se battant en tête, plutôt en soldat qu'en général, fit reculer les premiers escadrons. Après une lutte désespérée, il dut se rendre prisonnier et tout son corps fut tué ou pris.

Ainsi la victoire se déclarait contre le duc d'Enghien. L'aile gauche de l'armée française était anéantie; l'aile droite entrée en ligne un peu tard, avait d'abord eu l'avantage mais pliait devant la seconde ligne bavaroise qui, prenant à son tour l'offensive, pressait vivement les Français. Gléen ramenait son corps d'armée en bon ordre pour prendre de flanc le maréchal de Turenne.

Toutes les espérances du général en chef bavarois se réalisaient. Il n'était plus possible de douter du succès, lorsqu'un événement inattendu vint déjouer toutes les prévisions.

Le maréchal de Merci, frappé d'une balle, tomba raide mort au milieu de ses soldats.

« Un si puissant génie ne donnant plus le mouvement » à une machine dont il connaissait seul les ressorts, » devait par sa mort rendre aux Français la supériorité » qu'ils avaient perdue. »

Les Bavarois, furieux d'avoir vu tomber leur général, se battirent avec un courage désespéré; mais l'excès de leur ardeur mit le désordre dans leurs rangs. Turenne, que le sang-froid n'abandonnait jamais, reprit alors tout son avantage. Il reconquit peu à peu le terrain, et après avoir sauvé l'aile droite de l'armée, prêta son secours au duc d'Enghien pour rétablir le combat sur toute la ligne. Le maréchal de Gléen tomba entre les mains des Français.

Jean de Werth, qui prit le commandement en chef des austro-bavarois, voyant la bataille perdue, rassembla ses troupes en colonnes, abandonna les positions et se replia en bon ordre sur la réserve. Puis, profitant de l'obscurité de la nuit, opéra une retraite qui passe pour un chef-d'œuvre d'ordre et d'habileté.

La bataille de Nordlingen avait été sanglante. Le nombre des morts et des prisonniers était égal de part et d'autre. L'armée austro-bavaroise avait perdu 4,000 hommes avec son général en chef; le maréchal de Gléen était prisonnier.

Du côté des Français, le marquis de La Châtre, les généraux Pisani, Bouri et de Chastellux étaient au nombre des morts; le maréchal de Gramont était pris[1]. (5 août 1645).

Telle fut la fin glorieuse de ce grand homme, dont la Lorraine peut justement s'enorgueillir.

Quand bien même ses talents militaires ne lui eussent pas assigné le premier rang parmi les grands capitaines, les vertus qui brillaient en lui auraient suffi pour consacrer sa mémoire.

Doué par la nature des plus heureuses aptitudes, le maréchal de Merci avait reçu une éducation distinguée et avait acquis une instruction remarquable. J'ai déjà dit qu'il possédait toutes les qualités du cœur comme celles de l'esprit. Le dix-septième siecle n'a pas produit de plus grande figure.

A une époque où les guerres civiles et religieuses qui déchiraient tous les états de l'Europe ont égaré par instants les plus nobles caractères[2] hors de la voie tracée par leur conscience; la mémoire de FRANÇOIS DE MERCI a passé à la postérité sans qu'on ait pu signaler le plus petit défaut dans sa conduite privée, pas plus qu'on n'a relevé la plus petite faute dans ses opérations militaires.

Merci, tombé comme voudraient tomber tous les braves au milieu du prestige de sa gloire, ne devait pas être arraché au dernier théâtre de ses exploits.

1 Les maréchaux de Gléen et de Gramont furent échangés quelques jours après la bataille.

2 On pourrait citer en France le grand Condé, le maréchal de Turenne, le maréchal d'Hocqüincourt, le maréchal de Schomberg, etc.

Il fut enterré sur le champ de bataille, où sa mort avait arrêté la victoire.

Les ennemis apportèrent à son corps inanimé le tribut de leurs regrets et de leur admiration. Le duc d'Enghien et le maréchal de Turenne pleurèrent la fin prématurée d'un si grand homme.

Les armées française et hessoise assistèrent, rangées sous les armes, aux funérailles du général dont le génie avait plus d'une fois trompé leur courage, et qui, l'ennemi le plus redoutable de la France, s'était fait estimer, on pourrait presque dire aimer de tous les Français.

La maréchale de Merci, princesse du noble sang de Schauenbourg, accablée du coup terrible qui venait de la frapper, mais soutenue par une force d'âme et une énergie que l'on trouve rarement dans son sexe, assistait à cette triste et émouvante cérémonie. Digne compagne de l'illustre général, elle l'avait suivi dans toutes ses expéditions, avait assisté à toutes ses victoires; et à la dernière heure, elle ne permit à aucun autre de rendre les suprêmes devoirs à celui dont l'âme généreuse s'était si bien entendue avec la sienne.

Si l'immense douleur de cette princesse intrépide pouvait être sensible à un adoucissement, elle dut le trouver dans les larmes que la mort de Merci arracha à quatre grandes armées qui avaient combattu à Nordlingen, et dans le deuil général que la nouvelle de cet irréparable malheur répandit dans toute l'Allemagne.

On peut dire que jamais homme n'a emporté des regrets plus universels dans la tombe qu'on lui creusa au lieu même où la mort l'avait arrêté, et où ses restes ne furent signalés aux passants des siècles à venir, que par ces quatre mots gravés sur la pierre :

STA VIATOR, HEROEM CALCAS[1].

[1] Arrête voyageur ! Tu foules un héros.

www.ingramcontent.com/pod-product-compliance
Lightning Source LLC
LaVergne TN
LVHW021715230826
846091LV00006BA/2182

* 9 7 8 2 0 1 1 7 9 1 0 5 4 *